휴먼앤솔러지

인생 편

돋아나는 건 모두 생명이다

김 이 섭

신세림 출판사

돋아나는 건 모두 생명이다

김 이 섭

머리글

누구나 인생을 살아가면서 한번쯤은 자신을 돌아보게 됩니다. 그리고 인생에 대해 이런저런 질문을 던집니다. 하지만 이 세상에는 질문만 무성할 뿐, 어디서도 정답이 주어지지는 않습니다. 어쩌면 우리는 정답을 찾기 위해 그토록 열심히 살아가고 있는지도 모릅니다.

인생은 소중합니다. 오늘을 산다는 것 자체가 실로 놀라운 축복이고 기적입니다. 그러기에 그토록 소중한 오늘을 허투루 살아서는 안 될 겁니다.

우리 모두에게는 인생길이 있습니다. 아무리 험난하고 힘겨워도 가야만 하는 길, 결코 포기하거나 멈출 수 없는 길, 그 길이 바로 인생길입니다.

이 책이 여러분 인생의 수수께끼를 푸는 데 아주 작은 단초가 되기를 바라는 마음입니다.

감사합니다.

「 인생이란 」

"인생이란
주어진 길을
그저 묵묵히
걸어가는 것.

때로는 빠르게
때로는 느리게
한 발 한 발
나아가는 것.

무심한 세월 따라
바람처럼
구름처럼
흘러가는 것.

마지막 순간까지
진정 감사하며
하루하루를
살아가는 것."

2015년 12월 김이섭

목 차

Life

| 두울 |
삶의 무게 ... 이 또한 지나가리라

Life

| 세엣 |

나의 행복 … 인생은 아름다워

| 하나 |

인생 … 어떻게 살 것인가?

갈망

하늘을 나는 새는
결코 날개를 접지 않는다.

세찬 바람에 맞서
기어이 날개를 편다.

이카로스의 날개는
태양의 열기에
힘없이 녹아내린 지 오래다.

신화를 거부한
그의 후예들은

태양에서 벗어나기 위해
부러진 날개를
힘겹게 퍼덕이고 있다.

관계

점과 점을 이으면 선이 되고
선과 선을 이으면 면이 된다.

그리고 면과 면을 이으면 입체가 된다.

지금 그대는
무엇을 이어가고 있는가.

수많은 관계와 관계 속에서

진정 그대는
사랑을 이어가고 있는가.

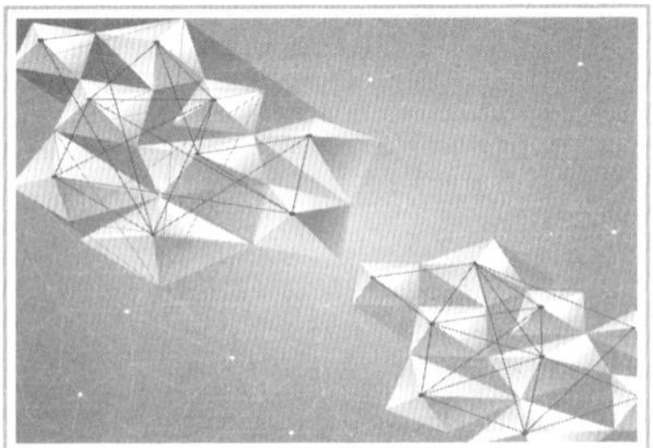

고독

그땐 왜 몰랐을까.

떨어지는 모든 게
두려움에 몸부림친다는 걸.

매달려본 사람만이 안다.

떨어진다는 건

희망을 놓는다는 것.
돌아올 수 없는 다리를 건넌다는 것.

고독은
떨어지는 모든 걸
온전히 품에 안는다.

그리고
다시금
태초 이전의 육감적인 세계로
우리를 유혹한다.

그뿐

바람이 불면
바람을 맞고

비가 오면
비를 맞으면 그뿐.

낙엽이 지면
낙엽을 밟으며
가던 길을 가면 그뿐.

지금까지
그래 왔던 것처럼.

그래

그래 노력하자.
지금보다 조금만 더.

그래 힘을 내자.

고개를 높이 들고
어깨를 활짝 펴자.

그리고 당당하게 나의 길을 가자.

그땐 왜 몰랐을까

희한한 일이다.

그땐 왜 몰랐을까.
사는 게 만만치 않다는 걸.

등에 지고 가기엔
너무 무겁고

잠시 쉬어간다 해도
버겁기는 마찬가지다.

해서
인생은 지고 가는 게 아니라
붙잡고 가는 것이리라.

행여 놓칠세라
단단히 부여잡고
가는 것이리라.

마라톤

지금 당장
그만두고 싶지만

멈출 수도 없고
돌아갈 수도 없으니

그냥 달리는 수밖에.

낙엽

낙엽은

속절없이 부는 바람에
이리저리 나뒹굴다

지나가는 사람에 밟혀
외마디 비명을 내지른다.

잎새 하나가
나무 끝에 매달려 있다.

행여 나무가 외로울까 봐
그냥 남기로 했나 보다.

나그네

여기서
잠시 쉬어가야겠다.

걷다보니
어느새 여기까지 왔다.

가야할 곳도
돌아갈 곳도 없지만

하늘 아래
이 한 몸 누일 곳은 많다.

어머니의 자장가 소리도
야경꾼들의 딱따기 소리도
들려오지 않는다.

이 밤도
홀로 잠을 청해야 한다.

그러다가 눈을 뜨면
주섬주섬 짐을 챙겨
발걸음을 옮겨야 한다.

어디에도
고향은 보이지 않는다.

언제부턴가
나그네의 고향은
저녁노을에 곱게 물들어
밤하늘에 매달린다.

나는 알지 못합니다

나는 알지 못합니다.
새들이 왜 그리 슬피 우는지.

나는 정녕 알지 못합니다.
세월이 왜 그리 빨리 흘러가는지.

그러나 나는 알고 있습니다.
내가 왜 그리 모진 인생을 살아야 하는지.

그건 바로 내 인생이기 때문입니다.

그저 기다릴 뿐

아직 버리지 못한 게 너무 많아.
욕심 때문에.

아직 이별하지 못한 게 너무 많아.
미련 때문에.

아직 사랑하지 못한 게 너무 많아.
두려움 때문에.

아직 깨우치지 못한 게 너무 많아.
아직 용서하지 못한 게 너무 많아.

그저 기다릴 뿐.

나는 네게 묻는다

가끔
나는 네게 묻는다.
인생이 무어냐고.

그러면
너는 내게 말한다.
이게 바로 인생이라고.

가끔
너는 내게 묻는다.
내 꿈이 무어냐고.

그러면
나는 네게 말한다.
이게 바로 내 꿈이라고.

그러니
인생은 꿈을 좇는 거라고.

노아의 방주

하늘 끝에서
먹구름이 몰려와

순식간에
온 세상을 집어삼킨다.

굳게 닫혀 있던
하늘 문이 열리자

거대한 물줄기가
사정없이 쏟아진다.

급기야
지상의 모든 생명은
저항조차 포기한 채
마지막 숨을 내려놓는다.

방주 안에서는
살아남은 자들이

초췌한 얼굴로
두려움에 떨며

신의 구원을 기다린다.

마침내
비가 그치고

죽음의 땅 끝자락에서
언약의 증표라 불리는
무지개가 피어오른다.

살아남은 자들은
살아남은 신에게
감사의 기도를 올리고

살아남은 신은
살아남은 자들에게
다시금 축복을 내린다.

달팽이

세상을
등에 지고

온몸을
흐느적거리며

힘겹게
발걸음을 옮긴다.

절대 서두르지 않는다.

시시포스의 운명처럼

그저
묵묵히
앞을 향해 나아갈 뿐.

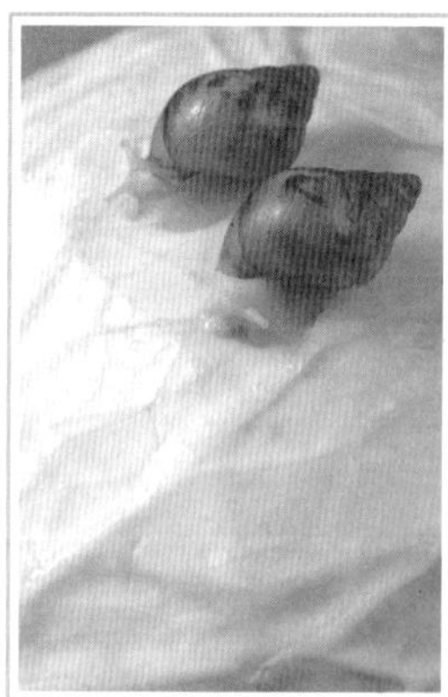

내가 하기 나름

모든 건
내가 하기 나름.

그래서
모든 게 감사할 따름.

대나무

대나무는
곧고 푸르다.

비를 맞으면

대나무는
쑥쑥 자란다.

하늘 높이
쭉쭉 뻗는다.

대나무는
나이테가 없어
나이를 잊고 산다.

속을 텅 비우고
욕심 없이 살아간다.

사슴

나무에 걸린 사슴에게
화려한 뿔은 차라리 구속일 뿐.

그저 허우적거리며
가느다란 두 다리를 휘저을 뿐.

그리고 애써 지옥에서 벗어나
오로지 편히 쉴 곳을 찾아 헤맬 뿐.

한때의 영광은 잠시 스쳐가는 허상일 뿐.

들풀

저 홀로
들판 위에 서서

모진 세월을
온몸으로 버티고 있다.

아무 말 없이.

도그마

사람들은 이게 진리라고 말한다.

하나의 신.
하나의 구원.

그래서 사람들은
하나의 구원을 얻기 위해
하나의 신을 숭배한다.

그러고는 차츰
독선의 늪으로 빠져든다.

무시무시한 헤게모니의 탄생.

나만의 신을 가진 자들은 다른 신을 저주한다.
그리고 다른 신을 믿는 자들을 죽음으로 응징한다.

이방인들은
이교도들은
단지 다른 신을 믿는다는 이유만으로
저참하게 숙어간다.

자신을 낳은 아버지를 사랑한 죄.

하나의 신을 믿는 자들은
신의 이름으로 신을 모독하고
사랑의 이름으로 사랑을 증오한다.

인간이 만든 신은 인간을 빼닮았다.

미움과 질투,
탐욕과 위선,
폭력과 복수에 익숙한.

밤낮없이 비명소리가 들려오고
채 식지 않은 피가 흘러내리는
거룩한 이 땅에서

사랑은 더 이상 사랑이 아니다.
용서는 더 이상 용서가 아니다.

그리하여
신은 더 이상 신이 아니다.

머리가 너무 혼란스럽다.

옳고 그름도 명확치 않고
밝고 어두움도 절대적이지 않다.
사랑도 미움도 경계가 모호하다.

누구라서
이 혼란을
이 야만의 광기를
애써 잠재우려는가.

두다트의 커피

두다트의 커피는 외롭지 않다.
두다트의 커피는 낯설지 않다.

두다트의 커피는 자유롭다.
두다트의 커피는 햇살처럼 따사롭다.

두다트의 커피는 사랑이다.

어머니 같은
누나 같은
그런 사랑이다.

원두의 세계로 들어서는 자는
기꺼이 새롭게 태어나야 한다.

이미 온전히 성숙한 자는
그 세계에 자신의 영혼을 내맡겨야 한다.

요술램프처럼
마법에 취해
두다트의 향에 취해
긴긴 밤을 지새워도 좋다.

오래도록 잠에서 깨어나
커피의 그윽함을 찬미해도 좋다.

바람

어디서 왔다
어디로 가는지
알 수는 없지만

네 숨결은
분명 느낄 수 있어.

나도 너처럼
정처 없이 떠도니까.

석양

날이 저문다.

새들은 사뿐히 깃을 접고
꽃들은 잠시 망울을 내려놓는다.

지상의 모든 것들은
그리 무겁지 않게
서로 작별의 인사를 나눈다.

하루를 숨 가쁘게 달려온 태양은
불그레하게 상기된 얼굴로
환희의 질주를 마치려 한다.

그리하여 태양은
불타는 목마름으로
또 다른 내일을 갈망하며
대지에 마지막 키스를 한다.

어둠의 도래.
숭고한 적막의 시간.

산 것들은 각자 제자리로 돌아가고
죽은 것들은 조용히 꿈틀대기 시작한다.

무덤

먼 길을
돌고 돌아

마침내
제자리로
돌아왔네.

스스로 말하라

스스로 말하라.
에둘러 말하지 마라.

네가 정녕 누구인지.

스스로 물어라.
그리고 스스로 답하라.

네가 정녕 무얼 원하는지.

스스로 침묵하라.
침묵 속으로 하염없이 침잠하라.

부메랑

떠나라.
아무 미련 없이.

행여
네가 원하던
세상이 아니거든

돌아오라.
아무 주저 없이.

지금 모습 그대로.

물구나무

손으로 바닥을 짚고
발로 땅을 차면

파란 하늘이
내게로 다가온다.

물구나무를 서서
세상을 바라보면

모든 게
달리 보인다.

사계(四季)

주여,

봄에는
오랜 동면에서 깨어난 이들이
소중히 간직해온 생명의 씨앗을
한껏 움트게 하소서.

온 세상이
푸르름으로 생명으로
충만하게 하소서.

주여,

여름에는
따가운 햇살을 피해
그늘에 몸을 숨기더라도
태양을 미워하지 않게 하소서.

한여름 밤 달빛 아래
풀벌레 우는 소리를
사랑하게 하소서.

주여,

가을에는
땀 흘려 키워낸
모든 곡식과 과일들이
무르익게 하소서.

땅에서 태어나고 자란
농부들의 소박한 꿈이
결실을 맺게 하소서.

주여,

겨울에는
한해의 끝자락에 이르러
세상사에 지친 영혼들이
편히 쉬게 하소서.

매서운 추위와
거센 눈보라에도
끝끝내 떨지 않게 하소서.

주여,

새봄이 오면
다시금 힘을 얻게 하소서.

그리하여
지금까지 그래왔던 것처럼
아무 두려움 없이
아무 망설임 없이
내 삶의 무게를 지탱하게 하소서.

외딴섬

그곳에
섬 하나 떠 있다.

혼자 있어 외로운 섬.

행여 외로울까
물 위로 달이 출렁인다.

긴 여정에 지친 새 하나.

잠시 머물다
이내 어디론가 사라진다.

찾는 이 없어 외로운 섬.

시간은 수만 리 길을 돌아
새삼 그리움으로 남는다.

소리 없이 떠도는 구름이
무심히기만 하다.

인생길

인생이란
주어진 길을
그저 묵묵히
걸어가는 것.

때로는 빠르게
때로는 느리게
한 발 한 발
나아가는 것.

무심한 세월 따라
바람처럼
구름처럼
흘러가는 것.

마지막 순간까지
진정 감사하며
하루하루를
살아가는 것.

지하철

두더지가
땅속 깊숙이
굴을 파고는

뒤도 한번
돌아보지 않고

쏜살같이
내달린다.

순록의 질주

순록은 때를 기다린다.
일 년 내내 기회를 엿본다.

그러다가 때가 되면

순록은 기지개를 켜고
출발신호에 귀를 기울인다.

이윽고
총성과 함께
순록은 우주를 내달리기 시작한다.
빛의 속도로 무한의 궤도를 질주한다.

단숨에 지구를 한 바퀴 돌아
굴뚝 속으로 잠입한다.

잔뜩 기대에 부풀어
순록을 기다리던 아이는
이미 잠든 지 오래다.

순록은
고요히 잠든 아이 곁에

평화의 선물을 내려놓고

보드라운 이마에
작별의 키스를 하고는
서둘러 굴뚝을 빠져나온다.

순록은
여행을 다 마치고 나면

홀가분한 마음으로
고향으로 돌아와
검게 그을린 여장을 푼다.

그리고 북극의 설원에서
달콤한 겨울잠에 빠져든다.

일 년 뒤에 있을
아이와의 밀회를 꿈꾸며.

오아시스

풀 한 포기 나지 않는
사막의 한 가운데서
생명이 숨을 쉰다.

지치고 목마른 이들의 안식처.

어쩌면
우리 모두는
도심의 한가운데서
오아시스를 꿈꾸고 있는지도 모른다.

이국(異國)에서

여긴 이국의 땅이다.
낯선 자들의 천국이다.

어린 생명도
백발의 노인도
모두 낯설다.

지금 나는 혼자다.
하지만 원래부터 혼자는 아니었다.

하늘 아래 홀로 태어난 자는 없다.

한때는

나를 잉태한 어머니와
나를 잉태시킨 아버지에게서

옹알이를 배웠다.
걸음마를 배웠다.

지금 내게는
방향도 좌표도 없다.

나침반도 무용지물이다.

아무리 눈을 비집고 둘러봐도
내가 아는 사람은 아무도 없다.

나를 반겨줄 사람도
내 질문에 답해줄 사람도
여기에는 없다.

그렇게 나는
낯선 이방인 가운데
또 하나의 이방인이 된 것이다.

고독이라는 단어조차 생경하고 사치스럽다.
차라리 혼돈이라고 불러다오.

나는 지금 생사의 갈림길에 서 있다.
아니, 죽음의 문턱을 넘어서고 있다.

내게 주어진 과제는
어떻게 사느냐가 아니라
어떻게 살아남느냐였다.

피가 마르지 않도록
수천 톤의 물을 들이키고

심장이 멎지 않도록
가열차게 펌프질을 해댔다.

이국에서의 밤은
정녕 낯설기만 한 걸까.

인생은 그렇게 살아가야 한다

인생은
작은 떨림에도
큰 울림으로 반기는 메아리처럼
그렇게 살아가야 한다.

인생은
온갖 시련에도
언제나 다시금 일어서는 오뚝이처럼
그렇게 살아가야 한다.

인생은
각박한 인심에도
아낌없이 주는 나무처럼
그렇게 살아가야 한다.

인생은
모진 세파에도
사랑의 홀씨를 뿌리는 농부처럼
그렇게 살아가야 한다.

인생은
절망의 나락에서도

내일에 대한 희망을 꼬옥 부여잡고
그렇게 살아가야 한다.

인생은 느낌표야

인생은 느낌표야.

가슴이 뜨거워야 하고
열정이 살아 숨 쉬어야 하니까.

인생은 물음표야.

작은 것에도 호기심을 갖고
세상의 이치에도 질문을 던져야 하니까.

인생은 쉼표야.

조금은 여유를 가져도 좋아.
힘들 때는 잠시 쉬었다 가도 좋아.

기쁠 때는 웃고
슬플 때는 울고.

인생은 그렇게 사는 거야.

자유

보이지 않는 무언가가 있다.
잡히지 않는 무언가가 있다.

권력의 속성과는 거리가 멀다.
온몸으로 거부하고 또 저항한다.

자유의 편린(片鱗).

처음부터 자유로운 자들은
피와 눈물로 얼룩진 자유를
그저 당연하게 들이마시고는

자유를 갈구하는 자들을 향해
무시무시한 저주를 퍼붓는다.

자연의 이치

어둠이 내리면

어떤 짐승은 눈을 감고
어떤 짐승은 눈을 뜬다.

날이 밝으면

새들은 슬피 울고
꽃들은 방긋 웃는다.

겨울이 오면

철새는 행복을 찾아 떠나고
텃새는 행복을 지키려 남는다.

그렇게 세월이 흘러

살아 있는 모든 것들은
죽음을 맞이하리니.

그리하여
모두

흙으로
자연으로
돌아가리라.

인생이 달리 인생이더냐

고개 들어
하늘을 우러르라.

무릎 꿇고
신에게 기도하라.

목소리 높여
인생을 찬미하라.

인생이 달리 인생이더냐.

존재

이 세상 어디에도
쓸모없는 건 없다.

다만 쓰임새가 다를 뿐.

돌멩이 하나에도
지푸라기 하나에도
나름의 가치가 있다.

창조냐 진화냐를 따지는 건
실로 어리석은 일이다.

창조는 진화를 전제로 하고
진화는 창조를 담보로 한다.

존재하는 건 모두
창조이고 또한 진화이다.

그리하여
영원한 생명에 이르기까지
함께 변화하는 것이다.

지팡이

내 손을
꼬옥 잡으렴.

길을 가다
힘이 들면

내 손을 놓고
잠시 쉬었다 가렴.

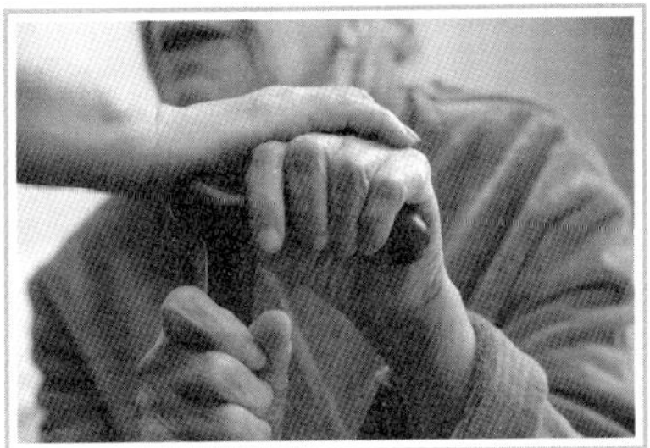

태양

구름이
태양을 가리고
하늘을 시꺼멓게 물들여도

태양은
눈살을 찌푸리지도
화를 내지도 않는다.

구름이
이내 잘못을 뉘우치고
참회의 눈물을 흘리면

태양은
온화한 미소로
구름이 흘린 눈물을 닦아준다.

헤드라이트

낮에는
눈을 감고 다니다

밤만 되면
두 눈을 부릅뜨고
쌍심지를 켜네.

그래도
너무 무섭게
노려보지는 마.

판도라의 상자

제우스 몰래 불을 훔쳐
인간에게 전해준 프로메테우스.

그는 제우스의 미움을 받아
바위에 꽁꽁 묶인다.

낮에는 독수리에게 간을 쪼이고
밤이 되면 다시금 회복하는 극한의 천형(天刑)이다.

어느 날,
제우스는 대장간의 신 헤파이스토스에게
여신을 닮은 처녀를 빚으라고 명한다.

신들은 앞 다투어
그녀에게 고귀한 선물을 건네준다.

신의 축복을 받은 그녀.
인류 최초의 여성 판도라.

그녀는 제우스의 명을 어기고
그가 준 선물상자를 열어본다.

그 순간,
상자 속에서
온갖 질병과 재앙이 쏟아져 나오고
판도라는 황급히 상자의 뚜껑을 닫는다.

뒤늦은 후회.

과연 희망은 어디로 사라진 걸까.
아니면 여전히 상자 속에 갇혀 있는 걸까.

지상에 남은 자들은
조심스럽게 아주 조심스럽게
판도라의 상자를 열어야 한다.

그리고 상자에서
운명의 조각들을 꺼내어
실낱같은 희망을 짜맞추어야 한다.

하늘

하늘은 무상(無常)의 공간.
충만한 여백이다.

밤에는
별들이 찾아와
잠을 청한다.

별들은
잠자리에
반짝이는 색을 칠한다.

낮에는
태양이 나타나
주인 행세를 한다.

태양은
드넓은 무대 한가운데
자리를 잡고는

세상을
온통 환한 빛으로
뒤덮는다.

밤이 다가오면

작별의 표시로
떠나는 나루터 주변에
붉은 물감을 풀어놓는다.

택시

밤늦도록
자지 않고
기다리다가

네가 부르면
한걸음에
달려갈 테야.

호수에 내 꿈이 영글어가다

호수는
내 꿈이 영글어가는 사랑나무다.

호수는
바래지 않는 추억이다.
투명한 보물상자다.

호수는
어디든지 나를 데려다주는 조랑말이다.

그 끝을 알 수 없는 심연의 세계다.
한없이 빠져드는 천상의 나락이다.

호수는
아픔도 슬픔도 고요히 잠재우는 자장가다.

호수는
지금 이 순간을
영원이라고 속삭여주는 사랑의 메아리다.

흐른다는 것

새싹이 돋으면
내 마음에도 생명이 돋고

꽃이 피면
내 마음에도 생명이 핀다.

그리고
낙엽이 지면
내 마음에도 생명이 진다.

그렇게
세월이 흐르고
인생이 흐른다.

하루살이

하루살이는
어둠 속에서
오랜 세월을
기다린다.

어느 여름날.

하루살이는
빛을 향해
맹렬한 기세로
날아든다.

목숨을 내건 무모한 노선.

하루살이는
짧은 일생을
그리 뜨겁게
살다가 간다.

하루살이 목숨은
결코 가볍지 않다.

| 두울 |

삶의 무게 … 이 또한 지나가리라

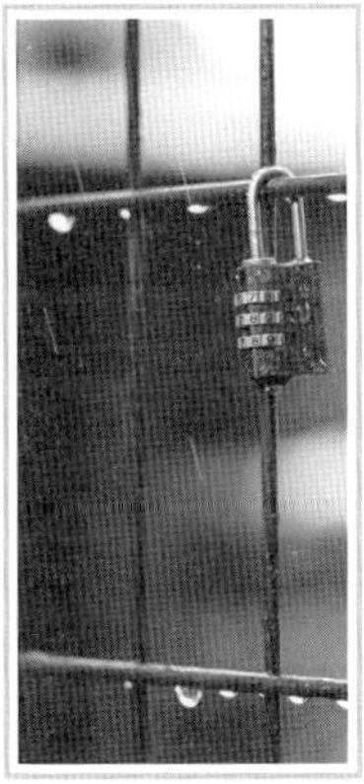

모닥불

후드득후드득.

밤하늘에 흐르는
달빛 아래
모닥불이 타오른다.

청춘예찬.

젊은이들은
모닥불 주변에
정답게 둘러앉아

밤새
두런두런
이야기꽃을 피운다.

새끼손가락

몸집은 작은데
어찌나 뚝심이 세던지

한번 한 약속은
절대 어기는 법이 없네.

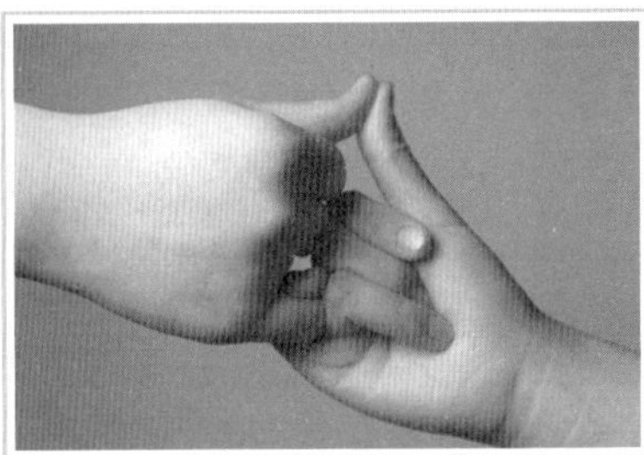

생각을 바꾸면

불을 켜면
세상이 밝아지잖니.

근데 왜
불은 켜지도 않고
세상이 어둡다고
불평만 하는 거니.

생각을 바꾸면
누구나 행복해질 수 있잖니.

근데 왜
생각은 바꾸지도 않고
자신이 불행하다고
불평만 하는 거니.

꿈

혹시 꿈인가 했다.

사방이 높다란 벽이다가
넘실거리는 바다가 됐다.

돛대도 없이
사다리도 없이

무한의 어둠에서
홀로 심장을 부여잡았다.

여길 빠져나가야만 했다.

날 아는 사람도
날 도와줄 사람도
여긴 없었다.

등대가 그리워지고
푸른 초원이 그리워졌다.

그렇게 꿈속 한가운데서
난 현실을 꿈꾸었다.

그토록 벗어나고 싶어 했던 현실이
내겐 하나의 유토피아였던 것이다.

하늘을 벗 삼아
바람을 벗 삼아

다시금
꿈같은 인생을 살고 싶다.

그냥 이대로
오래도록 저물지 않는 들녘에 서서

생의 찬가를 부르고 싶다.
사의 찬가를 부르고 싶다.

시간

째깍째깍.

시계 속에 갇혀
시간이 흐른다.

잠시도 쉬지 않고
앞만 보고 달린다.

한 치의 어긋남도 없이.

칠흑 같은 어둠을 가르고
음울한 정적(靜寂)을 깨뜨리면서.

째깍째깍.

시계바늘은
영원을 가리키고 있다.

껌

처음엔
그리 좋아하더니

얼마나
시간이 지났다고

아무데나
날 버리는 거니.

방황

그저
누군가가
그리워지면

무작정
거리로 나선다.

낯선 표정
낯선 몸짓.

거리가 온통 낯설다.

스치는 바람에
옷깃을 여민다.

그러나
스쳐 지나가는 건
바람만이 아니더라.

카드

남들은 긁으면
버럭 화를 내지만

난 아무리 긁어도
화를 내지 않아요.

개미

무거운 짐을
홀로 지고도
힘든 기색이 없다.

그래도 행여
허리가 다칠까
걱정이다.

갑질

힘센 자와 힘없는 자.

처음부터 승패는 정해져 있다.

힘센 자는 누르고
힘없는 자는 눌린다.
제대로 저항조차 하지 못한다.

이곳에서는 오직 힘의 논리만이 지배한다.

힘센 자는 실컷 두들기고
힘없는 자는 맥없이 맞기만 한다.

주변의 구경꾼들은
힘센 자를 비난하고는
짐짓 측은한 표정을 지으며
힘없는 자에게 어설픈 응원을 보낸다.

그래도 변하는 건 없다.

무자비한 공격은 계속된다.
무한반복이다.

힘센 자는 자신의 힘을 과시하고
힘없는 자는 자신의 무능에 좌절한다.

용케 버텨내던 힘없는 자는
온몸이 상처투성이가 된 채
뜨거운 피를 토해낸다.
결국 의식을 잃고 차디찬 바닥에 나뒹군다.

그제야 사람들은 문제의 심각성을 인식하기 시작한다.

구급차가 도착하고
언제나처럼 구급대원들은
힘없는 자의 입에
낡은 인공호흡기를 갖다댄다.

힘없는 자는
의식이 몽롱한 상태에서도
힘이 존재하지 않는 평등한 세상을 염원한다.

그리고 황급히 구급차에 실려
야만의 폭력성이 조금은 적은 곳으로
잠시 몸뚱아리를 옮긴다.

겨울

날이 추워지자
모든 게
변하기 시작했다.

새들은
여름 내내 정들었던 둥지를
미련 없이 떠났다.

젊음의 언어가
넘쳐나던 무대는
스스로 막을 내렸다.

다정한 미소도
살가운 포옹도
사라진 지 오래다.

바람소리도
한층 스산해지고

나뭇가지도
몹시 거칠어졌다.

푸르름을 자랑하던
녹색의 숲도

어느새
암울한 색으로
옷을 갈아입었다.

혹독한 추위에
지상의 모든 생명이 얼어붙었다.

공기마저 얼어
숨을 쉬기조차 힘들어졌다.

사람들은
고개를 숙이고
몸을 움츠렸다.

그들의 입에서는
외마디 비명이 터져 나왔다.

두려움의 표시인지
저항의 표시인지

도무지 알 수 없는.

그 소리는
이내 바람에 묻혀버렸다.

어둠

보려 해도
보이지 않고

잡으려 해도
잡히지 않네.

행여 들킬세라
꼭꼭 숨어 있다

아침이 되면

슬그머니
줄행랑을 놓네.

회색지대

잿빛 하늘 아래
회색지대가 있다.

죽음의 냉기가 감도는.

적막한 강산에는
고독한 주검들이 늘어서 있다.

짙은 어둠에 묻혀
바람소리조차 무상하다.

얼어붙은 대지.

텅 빈 공허함이
애처롭고
가슴 시리다.

도서관

책들의 살아 있는 무덤.

바람조차 멎은 절대공간이다.

지극히 신성한 세계는
영겁의 세월을 뛰어넘어
나름의 질서에 따라
평화롭게 안장되어 있다.

때로는 원시림의 형상으로
때로는 피라미드의 형상을 한 채
엄숙하게 눈을 감고 있다.

이곳을 찾는 자들은
떨리는 손을 들어
정숙한 예법에 맞춰
무덤을 파헤쳐야 한다.

이곳에는
새로운 뱀파이어족들이 산다.

그들은

삶에 굶주린 심장으로
지혜에 목마른 영혼으로
생명의 신비를 빨아먹는다.

이곳은 불멸의 성지다.

책들의 소리 없는 아우성은
창조주를 겨냥하고 있다.

시계

좀처럼
쉴 생각이
없는 거 같아.

이러다가
심장이
멎는 건 아닐까.

너는 누구냐

가쁜 숨을 몰아쉬며
내게로 달려오는
너는 누구냐.

칠흑 같은 어둠 속에서
내 육신을 부여잡은
너는 누구냐.

아무 망설임 없이
사랑의 시어(詩語)를 마구 내뱉는
너는 누구냐.

차디찬 바닥에 날 내동댕이친 채
냉정하게 뒤돌아서는
너는 누구냐.

초라해진 어깨 너머로
알 수 없는 눈물을 보이는
너는 누구냐.

의자

난 힘이 세니까
걱정하지 마.

아무리 무거워도
버틸 수 있어.

그래도 가끔은
내 얼굴 좀 닦아주렴.

현기증

세상이
어지럽더냐.

내가
어지럽더냐.

작은 몸뚱이 하나
가누지 못하니.

눈싸움

여기
지상에서
가장 평화로운 싸움이 있다.

일단 싸움이 시작되면
쉽게 끝나지 않는다.

아이들은
추위에도 아랑곳없이
맨손으로 눈을 뭉친다.

이윽고
사방으로
눈덩이가 날아든다.

아이들은
두려워하는 기색이 없다.
굳이 피하려 하지도 않는다.

맞아도 즐겁고
넘어져도 즐겁다.

눈밭은
온통 웃음소리로 가득하다.

여기서는
오로지 하나의 법칙만이 존재한다.

아무도 다쳐서는 안 된다는 것.

네 편 내 편도 없고
승자도 패자도 없다.

하얀 평화는
아이들의 마음속에서
조금씩 자라나고 있다.

베를린 장벽

베르나우어 거리를 따라
회색의 콘크리트 벽이 세워졌다.

죽음의 장벽이라 불리는.

수많은 사람들이 자유를 찾아 벽을 넘었다.

어느 나이어린 동독 초병은
총을 어깨에 걸머진 채
맨손으로 철조망을 기어올랐다.

오랜 세월.

브란덴부르크 문은 굳게 닫혀 있었다.

오가는 사람은 보이지 않고
날개 달린 짐승만이
이따금 벽을 넘었다.

벽을 세우는 자는 알고 있다.
벽은 무너지기 위해 세워진다는 걸.

사람들은 손에 망치와 정을 들고
벽의 옆구리를 마구 쪼아대기 시작했다.

벽은
철근만이 앙상한 몰골로
맨살을 드러낸 채
이내 고꾸라졌다.

우주에서 내려다본 지구는
국경이 없다.
경계가 없다.

장벽이 가로막고 있는 건
사람이 아니라
울부짖는 영혼이다.

슈프레 강은
역사의 굴곡을 보듬은 채
베를린의 밤하늘 아래서
도도히 흘러가고 있다.

때로는 흐느적거리며.

영화관에서

홀로 영화관에 갔다.

영화가 슬펐다.

내가 혼자라는 게 더 슬펐다.

아직은 때가 아니다

아직은 때가 아니다.

지금은
오로지
생에 전념할 때다.

세상을 향해
힘껏 소리칠 때다.

누구나
시한부인생이기에
시간이 더없이 소중하다

나에게 주어진 소명은
현재의 삶에 충실한 것.

아직은 때가 아니다.

지금은
죽음을 기다릴 때가 아니라

죽을 만큼 치열하게
삶을 살아야 할 때다.

손가락

손가락은
형제간이다.

한 손가락이
깨물리면
다른 손가락도
함께 아파한다.

모진 세월에
손가락 마디가
옹이처럼
함께 굳어져간다.

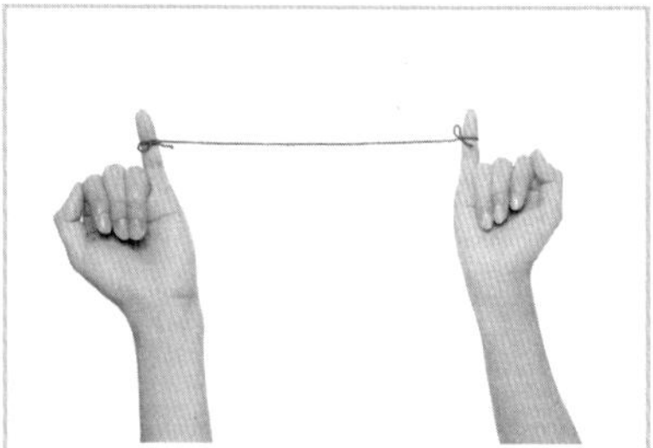

하루

눈을 뜨니
봄이 와 있었다.

아침햇살에
눈이 부시다.

밖으로 나서니
여름이 와 있었다.

한낮의 열기가
도심을 휘감는다.

집으로 돌아오니
가을이 와 있었다.

저녁노을에
낙엽이 붉게 물든다.

잠자리에 드니
겨울이 와 있었다.

밤하늘에도
찬 서리가 내린다.

오뚝이

아무리 넘어져도
또다시 일어선다.

울지도
화내지도 않고

얼굴 한 번
찡그리지 않는다.

오뚝이는
날개가 없어도
꿈을 접지 않는다.

오뚝이 인생은
포기를 모르는
외길 인생이다.

초대장

가기 싫은데
자꾸만 오라고 하니

안 갈 수도 없고.

누가 내 대신
가주면 좋을 텐데.

언제였을까

언제였을까.

낯선 땅을 홀로 걸으며
어머니의 젖을 그리워하던 때가.

차디찬 다락방에서
나는 열대의 태양을 품으려 했다.

이대로 얼어 죽지 않기 위해.

내 의지와는 전혀 상관없이
발가벗겨진 몸으로
고독의 바다에 뛰어들어야 했다.

새장에 갇힌 새는
가끔 날개를 퍼덕이며
자유를 향해 비상할 채비를 한다.

나는 단지 고독에 몸부림칠 뿐,
어떤 대안도 묘책도 없다.

가로등 불빛마저 희미해진 밤.

거리는 어느새 야수의 정글로 변해 있었다.

눈을 까발린 채
귀를 쫑긋 세우고
불안한 발걸음을 내딛는다.

도심 한복판에서
사랑에 굶주린 하이에나가 되어.

휑하니 벌어진 입에서는
희멀건 타액이 흘러내린다.

푸념

참기 힘든 고통.
견디기 힘든 고독.

이 무슨 인생이더냐.

고달픈 인생.
허무한 인생.

이 무슨 부질없는 푸념이더냐.

토끼와 거북이

토끼는 참 빠르다.

귀를 쫑긋 세우고
다리를 날렵하게 놀려댄다.

그런데 거북이는 참 느리다.

엉금엉금 기어간다.
다리도 짧고 동작도 굼뜨다.

그래도 쉬지 않고 움직인다.
전혀 흔들림이 없다.

그저 겸손한 자세로
자신에게 주어진 길을
묵묵히 걸어간다.

휴전선

까마득히 잊혀진 땅.

신에게조차 버림받아
오래도록 위로받지 못한 땅.

길게 둘러쳐 있는
녹슨 철조망 주위로
잡초만이 무성하다.

산산이 찢겨진 평화.
무정하게 갈라선 핏줄.
마구 뒤틀린 문명의 질서.

폐허더미마다
통한의 실타래가 뒤엉켜 있다.

얼핏 고즈넉해 보이는 황량한 벌판.

새로 태어난 생명들은
해묵은 이념을
전혀 개의치 않는다.

언어를 상실한 푸르른 강산.

휴전선은 말이 없다.
철마는 마지막 기적을 울린 지 오래다.

하늘 위로 자유롭게 떠도는 새들만이
애처로이 울어제낄 뿐이다.

언제쯤이면
날개 잃은 천사는
천상에 숨겨둔 나팔을 꺼내어
평화의 둔주곡을 연주하려는가.

죽음

누군가가 찾아와
내 안부를 묻거든

무거운 짐을 내려놓고
잠시 쉬고 있노라고

그리 전해다오.

이럴 줄 알았다

사람들은 말한다.
이럴 줄 알았다고.

하지만 그건 거짓말이다.

이럴 줄 알았다면
그는 분명 신이다.

이럴 줄 알고도
누가 굳이 이러겠는가.

흔들리는 건 바람만이 아니다

흔들리는 건
바람만이 아니다.

그렇다.
지금 난 흔들리고 있다.

누가 떼밀지 않는데도
자꾸 넘어지려 하고

누가 잡아당기지 않는데도
자꾸 빠져들려 한다.

지금 당장이라도
단 한 순간만이라도

거칠고 음습한 고독에서 벗어나고 싶다.

하지만
또다시 어둠이 내리면

언제나처럼
사막의 한가운데서

고독한 이방인으로 살아갈 것이다.

아무 망설임 없이.

촛불

축대 위에 올라
어둠을 밝히려
온몸을 불사른다.

스러지는 촛불 아래
뜨거운 촛농이
하염없이 흘러내린다.

바람결에
까물대는 촛불이
너울너울 춤을 추면

희끄무레한 그림자가
꿈실꿈실 일렁인다.

인내

오랜 세월을
참고 견디어
마침내 결실을 맺는다.

그러기에
인내의 열매는
달콤해야 한다.

추위

추위에 떠는 게 싫다.

추위를 피해
스스로를 가두는 게 싫다.

아무리 제 몸을 꽁꽁 동여매도
당해낼 재간이 없다.

추위에 떠는 건 나만이 아니다.

살아 있는 건 모두 추위에 떤다.
심지어 바람도 추위에 떤다.

더는 물러설 곳이 없다.

누구라도 황량한 거리로 나서야 한다.
의연하게 추위에 맞서 싸워야 한다.
애써 저항해야 한다.

그러다가
막다른 골목에 이르러
어느 이름 모를 찻집이라도 보이면

주저하지 말고 들어가
이 한 몸을 선뜻 녹이리라.

이별

너는 왜
아무 기약 없이
떠나려 하는가.

이별의 눈물도
아쉬움의 몸짓도
생략한 채.

그리하여
낯선 곳에서
어찌 홀로
서러운 긴긴밤을
지새우려 하는가.

피할 수 없는
운명의 장난이라 하더냐.

허나
고독의 기한이 차고
고향의 흙내음이 정녕 그립거든

언제든지 돌아오라.

주저 없이 돌아오라.

내 너를 위해
정든 땅
정든 추억을
오래도록
고이 간직하리니.

| 세엣 |

나의 행복 ... 인생은 아름다워

웃음꽃

아기가
방긋 웃으면

엄마는
함박웃음을 짓는다.

무뚝뚝한 아빠도
너털웃음을 터뜨리면

집안에 온통
웃음꽃이 피어난다.

우산

비오는 날.

우산을 펴면
우산이 활짝 웃고

우산을 접으면
우산이 얼굴을 찌푸린다.

우산은 비가 몹시 좋은가 보다.

호수에 달이 잠기면

호수에 달이 잠기면

별들은
호수 위로
눈물을 떨군다.

아롱진 눈물이
은은하게 반짝이면

호수는
눈물을 머금고
고요 속에 잠든다.

회상

난 그곳에 있었다.
분명 그곳에 있었다.

난생처음 보는 사람들.
나와는 생김새가 전혀 다른.

그들은 내게 말을 걸지 않았다.
그들에게 말을 건 건 나였다.

내 입술은 영혼 없는 단어를 내뱉고 있었다.
내 몸에서 철저히 유리된 채.

난 그들로부터 벗어나
미친 듯이 거리를 헤매고 다녔다.

무얼 찾으려고 했던 걸까.

그냥 이대로
길바닥에 주저앉고 싶었다.

그렇다한들
누가 날 일으켜주겠는가.

내겐 돌아가야 할 곳이 있었다.

나를 지탱해준 생명줄.
내 태반의 가닥.

어디선가 교회 종소리가 들려왔다.

낯선 건지
귀에 익은 건지
전혀 종잡을 수 없었다.

때로는 떨리는 듯한
때로는 울부짖는 듯한.

최후의 만찬을 알리는
그 어둠의 종소리를

나도 들었고
그들도 들었다.

그렇다.
분명 나는 그곳에 있었다.

둥지

새가
우듬지 위에
둥지를 틀었다.

해질 무렵.

어미 새가
둥지로 날아든다.

새끼 새들은
둥지 안에서
쉬지 않고
옴지락거린다.

어미 새가
먹이를 내밀면

새끼 새들은
부리를 활짝 벌려
날름날름
받아먹는다.

그리움

보고싶음일 게다.
아쉬움일 게다.

수천 번 수만 번
그곳에 갔다.

비가 오면 비를 맞고
낙엽이 지면 낙엽을 밟으며.

그곳에는
추억이 둥지를 틀고 있다.

한때 뜨거웠던 축제는 막을 내리고
색 바랜 추억만이 덩그러니 남아 있다.

둥지는 가느다란 회상의 끈으로 촘촘히 얽혀 있다.

둥지에는
차마 버리지 못한
열정의 껍데기들이
수북이 쌓여 있다.

그저 바라만 볼 뿐.

맥없이 둥지를 휘감아 도는 바람조차 애잔하다.

고개를 돌리면
아쉬움에 긴 한숨을 토해내고

앙상한 그리움이
밤새 눈을 감지 못해 초췌하다.

내 이름은

내 이름은 건강입니다.

사람들은 평소에 눈길 한 번 안 주다가
아플 때면 나를 찾습니다.

내 이름은 추억입니다.

사람들은 외롭다고 느낄 때면
나와 함께 했던 시간들을 떠올립니다.

내 이름은 감사입니다.

사람들은 힘든 시련을 겪고 나서야
비로소 나를 받아들입니다.

내 이름은 희망입니다.

사람들은 절망의 구렁텅이에서
나를 붙잡기 위해 안간힘을 씁니다.

내 이름은 사랑입니다.

사람들은 그리움에 잠 못 이룰 때면
부드러운 목소리로 내 이름을 불러봅니다.

내 이름은 행복입니다.

사람들은 불행을 참고 견디면
언젠가는 내가 나타날 거라고 그렇게 말합니다.

나무

나무는
자신이 가진 걸
모두 다 내어준다.

거센 비바람에도
묵묵히 그 자리에 서 있다.

그대는
자신이 가진 걸
모두 다 내어줄 수 있겠는가.

거센 비바람에도
묵묵히 그 자리에 서 있을 수 있겠는가.

아낌없이 주는 나무처럼
그렇게 오롯이
사랑할 수 있겠는가.

기념일

세상에는 기념일이 참 많아.
달력마다 기념일이 넘쳐나잖아.

가정의 달 오월에는
기념일이 한가득이야.

어버이날, 어린이날도 있고
부부의 날, 스승의 날도 있어.

매일매일이
어버이날이 되고
어린이날이 될 수만 있다면

매일매일이
부부의 날이 되고
스승의 날이 될 수만 있다면

너무 좋을 거 같아.

그럼
매일매일이
행복한 날이 되지 않을까.

기적

내가 살아 있다는 것.
누군가를 사랑한다는 것.
함께 꿈을 꾼다는 것.

모든 게 기적이다.

돋아나는 건 모두 생명이다

하늘에는
별들이 초롱초롱 돋아나고

들판에는
새싹이 파릇파릇 돋아난다.

소년의 얼굴에도
뽀얀 솜털이 보스스 돋아나고

연인들의 얼굴에도
아름다운 사랑이 함초롬 돋아난다.

그리하여
돋아나는 건 모두 생명이다.

나무와 낙엽

가로수 옆 벤치에는
생명을 다한 낙엽들이
누워 잠자고 있다.

잠 못 이루는 낙엽들은
차가운 밤거리를 돌아
이곳저곳을 배회한다.

낙엽은
나무가 싫어 떠난 게 아니라

진정
나무를 사랑했기에
자신을 버린 것이다.

나무는 끝내 낙엽을 붙잡지 않았다.

헤어지기 전
그들이 한 약속을
우리는 알지 못한다.

우리가 알고 있는 건

뿌리로 돌아간 낙엽이
봄이 되면
다시금 새롭게 태어난다는 것이다.

푸르름으로.

베개

머리를 맞대고
잠자리에 누우면

얼마나
힘들었냐고

토닥토닥
달래준다.

부모는

자식이 뒤척이면
부모는 뜬눈으로 밤을 지새운다.

자식이 눈물을 흘리면
부모는 뜨거운 피눈물을 쏟는다.

자식이 거짓말을 하면
부모는 바보처럼 모르는 척한다.

자식이 불평을 늘어놓으면
부모는 죄인처럼 고개를 숙인다.

자식이 밤늦게 돌아오지 않으면
부모는 온 세상을 찾아 헤맨다.

자식이 환하게 웃으면
부모는 바로 이런 게 행복이라고 믿는다.

그리고 이 시간이 영원하기를 기도한다.

새싹

아직은
모든 게
어리숙하고
제멋대로다.

그래도
파릇파릇
돋아나는 모습이
정말 예쁘다.

새싹은
겨우내
봄의 전령을
손꼽아 기다렸다가

얼어붙은 대지에
생명을 불어넣는다.

산책

걷는다는 건 좋은 일이다.
마냥 즐거운 일이다.

마주치는 것들과 지나치는 것들.

모든 것들이
언제나 새롭고 눈부시다.
다시금 아름답다.

길을 걷다 보면

오솔길은 홀로 외롭고
돌담길은 절로 정겹다.

살랑거리는 바람에
콧노래가 나올 법도 하다.

산책을 하다
문득
자연에게 묻는다.

너는 내가 그리 반갑냐고.
평생을 함께해도 지겹지 않느냐고.

생명

솔잎처럼
푸르게 살다

단풍잎처럼
붉게 물들고 싶다.

생명이 다하는 날.

낙엽이 되어
흙으로 돌아가리라.

세월

한번 가면
다시 오지 못하는데

왜 그리
바삐 가려는 건지.

잠시라도
숨 좀 돌리고

쉬었다 가면
좋으련만.

소중한 인생

목이 마를 때면
물을 찾는다.

한 모금 한 모금이
참 소중하다.

배가 고플 때면
밥을 찾는다.

한 알 한 알이
참 소중하다.

마음이 외로울 때면
사람을 찾는다.

한 사람 한 사람이
참 소중하다.

그래서 인생이 참 소중하다.

선인장

태양을 사랑하기에
끝내 사막을 버리지 않는다.

목마른 삶이라 해도
기꺼이 받아들인다.

그러나
어둠이 내리면

마르지 않는 샘에서
영혼의 물을 길어와
신비로운 꽃을 피운다.

소나무

소나무는 푸르다.
늘 푸르다.

허리가 굽어져도
주름살이 잡혀도

언제나 청춘이다.

푸른 하늘 아래
푸른 소나무.

이끼조차 푸르다.

여정

아직 갈 길은 멀다.
이제 작은 산 하나를 넘었을 뿐이다.

생의 마지막.

기나긴 여정의 종착역에 이르러
마침내 편히 쉬고 싶다.

세속의 누더기를 벗어던진 채.

그리하여
벌거벗은 몸으로
어머니의 품에 안기고 싶다.

대지

대지는
그 어떤 시련에도
그 어떤 고통에도
결코 굴하지 않는다.

배고픔과 목마름조차.

그리하여
목을 부여잡고서라도
배를 움켜쥐고서라도
마침내 생명을 잉태한다.

시

나는
살기 위해
시를 쓴다.

시를 안 쓰면
미쳐버릴 거 같아서.

그냥
살기 위해
시를 쓰다 보면

언젠가는
내 자신을
사랑할 수 있을 것만 같아서.

무지개

하늘도 가끔은 얼굴을 찌푸린다.

때론 무슨 사연 때문인지
마구 소리 내어 울기도 한다.

그렇게 실컷 울고 나야
기분이 좋아지나 보다.

그러고 나면

하늘은 언제 그랬냐는 듯이
환한 색동옷으로 갈아입고
지상에서 천국까지 다리를 놓는다.

눈은 왜

눈은 왜 겨울에 내리는 걸까.

나무가 추울까 봐
따뜻하게 덮어주려는 걸까.

눈은 왜 색깔이 하얀 걸까.

세상이 어두울까 봐
하얗게 밝혀주려는 걸까.

눈은 왜 뽀드득 소리를 내는 걸까.

아이들이 심심할까 봐
즐겁게 놀라고 그러는 걸까.

일상

나른한 오후.

아내가 집안일을 멈추고
조금은 지친 얼굴로
소파에 몸을 내맡기면

눈부신 햇살이
창문 커튼 뒤로
청아한 그림자를 드리운다.

피아노 소리와
개 짖는 소리가
어딘가에서 들려오면

위대한 일상은
게으른 자의 반란을
이내 평정한다.

어머니

밤마다 호젓이
근심어린 눈빛으로

잠자리에 누운 나를
그윽이 내려다보시는
당신은 누구십니까.

행여 매라도 맞을까
겁에 질린 내 모습에

차마 들었던 회초리를
힘없이 내려놓으시는
당신은 누구십니까.

인생살이가
서럽고 또 서러워

응달진 구석에서
하염없이 눈물만 흘리시던
당신은 누구십니까.

어머니.

인생은 그런 거라고
인생은 그렇게 사는 거라고

몸소 가르쳐주신 분은
바로 당신이십니다.

살아생전에
좀 더 잘해드렸더라면
사랑한다고 말씀드렸더라면

이처럼 시리지도 아련하지도 않았겠지요.

어머니.

당신이 사랑하던 아들이
당신을 사랑하는 아들이 되어
지금도 당신을 그리워하고 있습니다.

어머니와 짜장면

그땐 왜 그렇게 추웠는지 모른다.

바람도 지금보다 더 매섭게 불고
빗줄기도 지금보다 더 굵었던 거 같다.

어머니는
어린 내게 늘 따뜻한 화로였다.
추울 때면 언제라도 몸을 녹일 수 있는.

그 시절엔 짜장면이 너무 좋았다.
모든 아이들의 꿈이었고 야망이었고 이데아였다.

하지만 현실은 냉정했다.

혼자서는 감히 쳐다볼 수도 다가갈 수도 없었다.
문 앞에서 수없이 발길을 돌려야만 했다.

오로지 어머니의 힘은 위대했다.
어머니가 곁에 있으면 하나도 두렵지 않았다.

어머니의 손을 꼭 잡고
중국집에 들어설 때는

온 세상을 다 가진 기분이었다.

어머니는 짜장면을 한 그릇만 시키셨다.

당연히 나는 이유를 물었고
어머니는 그냥 짜장면이 싫다고 하셨다.

나는 이해할 수 없었다.
세상에서 제일 맛있는 짜장면이 싫다는 게.

어머니는
내가 정신없이 먹는 모습을 물끄러미 바라만보셨다.

이따금 물수건을 손에 쥐시고는
짜장으로 범벅이 된 내 입을 닦아주셨다.

짜장면을 다 먹고 나면
어머니는 치마 안주머니에서 돈을 꺼내셨다.

마을 뒷동산에 서 있는 고목처럼
약간은 허리가 굽어 보였다.

까칠한 손.
꼬깃꼬깃하게 접혀진 지폐.

어머니의 얼굴에도 잔주름이 접혀 있었다.

분명 어머니는 짜장면이 싫다고 하셨다.

어머니가 떠나고 난 지금에야
나는 안다.
어머니가 왜 짜장면을 싫다고 하셨는지.

그랬다.
어머니는 정녕코 짜장면을 싫어하셨다.

다 같이 배부르게 먹을 수 없는.
먹고 난 뒤엔 끼니를 걱정해야 하는.
어쩌면 이번이 마지막이 될지도 모르는.

그런 세상이 야속했다.
허기진 배를 움켜쥐고 희롱하는 모진 가난이 싫었다.

어머니는 짜장면이 싫다고 하셨다.
나는 그런 어머니가 죽도록 그립다.

인연

오늘 하루도
스쳐 지나간다.

낯선 얼굴들
무표정한 얼굴들.

숱한 군상(群像)의 행렬이
무한 반복된다.

문득 떠오르는
인연의 실타래.

어디서부터
풀어야 하는 걸까.

행복

철새는
행복을 찾아 떠나고

텃새는
행복을 지키기 위해 남는다.

지금
그대는
행복을 찾아 떠나려는가.

아니면
행복을 지키기 위해 남으려는가.

프라하

그대는 프라하를 아는가.

다우 강 기슭에 옛 모습을 간직한 채
고색창연한 자태를 뽐내는 지상의 낙원.

한때는 탑의 도시라고 불리던 곳.

성스러운 바츨라프 광장에서는
혁명의 불씨가 뜨겁게 타오르고

점령군들이 쏘아대는 야만의 포성에
아이들은 겁에 질려 울부짖었다.

정녕 그대는 프라하의 봄을 아는가.

기어이 자유를 꽃피우기 위해
혹한의 세월을 견뎌낸 프라하의 봄을.

한글

이 세상에서 가장 아름다운 글.

위대한 왕이 만든,
그래서 더욱 위대한 글.

그는 진정 백성을 사랑했다.

하고 싶은 말을
글로 표현하지 못하는
백성의 우매함이
너무 마음 아팠기에

기꺼이 온몸을 불살라
새로운 문자를 지펴냈다.

지상의 모든 사상과 철학을 나타낼 수 있는,
어떤 소리나 감정도 그대로 그려낼 수 있는.

고요한 아침의 나라.
드디어 새로운 세상이 열렸다.

백성들은

오랜 잠에서 깨어나
침묵의 사슬을 끊고
마음껏 소리치리라.

실로 백성을 사랑한
어느 위대한 왕의 이야기는
백성들의 입에서 입으로
아름답게 전해지리라.

희생

모진 세월을 살아온
우리네 부모에게
나라는 단어는
낯설기만 하다.

당신네 일생을
오로지 자식을 위해
하나도 남김없이
내놓았기 때문이다.

돋아나는 건 모두 생명이다

초판인쇄 2015년 12월 18일
초판발행 2015년 12월 22일

지은이 **김 이 섭**
펴낸이 **이 혜 숙** 펴낸곳 **신세림출판사**
등록일 **1991년 12월 24일 제2-1298호**

04559 서울시 중구 창경궁로 6, 702호 (충무로5가, 부성빌딩)
전화 **02-2264-1972** 팩스 **02-2264-1973**
E-mail : **shinselim72@hanmail.net**

정가 **10,000원**

ISBN 978-89-5800-162-1, 03810